AF310523

NOTICE HISTORIQUE

SUR LA

BARONNIE DE L'ILE DE RÉ

(1646-1896)

Réponse aux observations de M. le Docteur Kemmerer
et de M. le Docteur Atgier

Par Théodore PHÉLIPPOT

LA ROCHELLE
IMPRIMERIE NOUVELLE NOEL TEXIER
29, RUE DES SAINTES-CLAIRES, 29

1897

PUBLICATIONS DE LA SOCIÉTÉ DES ARCHIVES HISTORIQUES
DE LA SAINTONGE ET DE L'AUNIS

NOTICE HISTORIQUE

SUR LA

BARONNIE DE L'ILE DE RÉ

(1646-1896)

Réponse aux observations de M. le Docteur Kemmerer
et de M. le Docteur Atgier

Par Théodore PHELIPPOT

LA ROCHELLE
IMPRIMERIE NOUVELLE NOEL TEXIER
29, RUE DES SAINTES-CLAIRES, 29

1897

ÉTUDE HISTORIQUE

SUR LA

BARONNIE DE L'ILE DE RÉ

Réponse aux observations de M. le docteur Kemmerer
et de M. le docteur Atgier.

Dans la *Revue de la Saintonge et de l'Aunis* du 1ᵉʳ septembre (1895, t. xvᵉ, p. 377-78), je trouve un article intitulé : « *L'île de Ré. Réponse à M. Atgier*, par M. le docteur Kemmerer, sur les *Chartres seigneuriales de cette île*. (1) Ce sont quelques notes historiques, ainsi que la liste des possesseurs de la seigneurie « vénale » de l'île de Ré, dont le dernier seigneur serait, suivant lui, le marquis de Pusigneux. (2) Il ajoute que, pendant dix ans, comme maire ou adjoint, il a cherché dans tous les coins de la mairie les trésors historiques qui y étaient enfouis.

M. Kemmerer, qui est un savant, un publiciste et un chercheur infatigable, a oublié de visiter minutieusement les « recoins » et le « mitan » des importantes archives rétaises. (3) Il aurait sûrement déniché d'autres documents historiques d'une grande valeur, ainsi que des notes déposées par moi, sous l'administration de M. Bouju (4), maire de cette ville, fruit de

---

(1) Notice in-8° de 12 pages. (Imprimerie nationale, février 1895.) M. le docteur Atgier, médecin-major au 25ᵉ dragons à Angers, secrétaire de l'académie des sciences et belles lettres de cette ville, membre et trois fois lauréat de la société d'anthropologie de Paris, publiciste distingué, né le 15 février 1850, fils de Jules Atgier, receveur des contributions indirectes, né à Saint-Martin de Ré.

(2) Le titre original dit : *Pusignieux*. (Archives Phelippot.)

(3) Voir ma *Lettre historique rétaise*, éditée en 1891, avec gravures, à Saint-Martin de Ré, à la librairie Berton.

(4) Fils du citoyen Bouju, commissaire du pouvoir exécutif du canton de Saint-Martin de Ré pendant la période révolutionnaire, depuis président du

mes recherches faites aux archives nationales à Paris. Il ne signale, dans sa réponse, que neuf possesseurs de la baronnie et seigneurie « vénale » créée par Louis XIV, et termine la phrase par ces mots : « Ce qui fit dire à un plaisant que, dans l'île de Ré, il se trouvait toujours un sot pour occuper les fonctions publiques. »

Je crois que ce grand monarque ne créa rien de ce genre-là ; de plus j'affirme que, pendant le règne de Louis XIV (1643-1715), de Louis XV (1715-1774) et de Louis XVI (1774-1793), plusieurs autres hauts personnages ont possédé cette baronnie, et que jamais, dans mes recherches d'un demi-siècle, je n'ai rencontré le mot « vénale ». On me permettra donc d'ajouter quelques citations ainsi que quelques noms pour compléter la nomenclature des seigneurs de l'île de Ré.

*
* *

L'île de Ré est au 3ᵉ degré 54 minutes 28 secondes de longitude, à compter du méridien de Paris, et au 46ᵉ degré 14 minutes 48 secondes de latitude septentrionale. (1) Primitivement elle touchait au continent. (2) Cette langue de terre, couverte de bois et de bruyères, a été habitée par les Celtes et les Gaulois, dont on trouve encore les traces par la nécropole du Peux-Poiroux (dune pierreuse), malheureusement en ruine, par les pierres qui virent et autres grosses bornes, ainsi que les restes du vieux Burg (Buron) et son ancien port, dit port aux vins. On en remarque encore l'excavation au sud-ouest de l'écluse de la Fontaine, commune du Bois. Elle fut ensuite occupée par les Romains, qui y élevèrent des temples, dont un fut dédié à Neptune.

---

tribunal de Liège, issu de messire Antoine Bouju, écuyer, seigneur de Chenu, en 1484. (Archives nationales, fonds Bourré.) Cette famille noble du Bas-Poitou et de la Bretagne a produit un président au parlement de Bretagne, un chevalier de Saint-Jean de Jérusalem, etc.; a possédé les seigneuries de La Menollère, du Vivier, de Beaulieu, du Chinon, de La Vinière, etc., et a été maintenue noble en Poitou l'an 1667. Armes de la famille Boju ou Bouju : *D'azur à trois quintefeuilles d'argent. (Dictionnaire du Poitou,* par Beauchet-Filleau, 1ᵉʳ volume. p. 598.)

Thomas Bouju était père du capitaine de vaisseau, major de la flotte du port de Rochefort, officier de la légion d'honneur, etc., né à Saint-Martin de Ré le 14 octobre 1826, marié à Mˡˡᵉ Hébert, dont trois garçons : l'un sous-commissaire de marine, l'autre lieutenant de vaisseau et le troisième, ancien sous-préfet, est aujourd'hui secrétaire général de la préfecture du département de l'Indre, dont le préfet est son compatriote. M. Gaston Lem, officier d'académie, chevalier de la légion d'honneur, né à La Flotte en Ré, d'une vieille famille protestante de cette commune, originaire de Berghem en Norwège. On voit encore, sur de vieux monuments à Berghem, les armes de cette antique et noble famille : *Écartelé, aux 1ᵉʳ et 4ᵉ d'argent à 3 merlettes de sable, 2 en chef et 1 en pointe ; aux 2 et 3 de gueules à 5 coquilles d'or, 3 en chef, 2 en pointe.* (Archives Phelippot.)

(1) Arcère, *Histoire de La Rochelle,* 1ᵉʳ vol., p. 62.

(2) Voir *Statistique de la Charente-Inférieure,* par Gautier, 1839, 2ᵉ partie, p. 55.

C'est sur l'emplacement de ce temple que s'éleva plus tard le prieuré de La Clairaie, et c'est dans la chapelle de ce prieuré que fut rédigé, en 1457, le fameux contrat de rançon des malheureux habitants du Bois aux Anglais. (1)

Il existe encore auprès de ce prieuré les restes d'un cimetière romain, ainsi que les substructions d'une voie romaine qui traversait l'ile de Ré de l'est à l'ouest. On rencontre des fragments de cette voie, au sud de la commune du Bois, au lieu dit : La grosse pierre. L'ile fut successivement possédée par les rois visigoths, les seigneurs francs (2), les rois et les ducs d'Aquitaine, les Isambert, barons de Châtelaillon, les sires de Mauléon, Louis Ier, Pépin et Charles le Chauve, rois de France, les vicomtes de Thouars, les sires de Châteaubriand, les sires d'Amboise, Louis XI, le comte de Saint-Pol, les sires et ducs de La Trémoille, les comtes de Sancerre de Bueil, les ducs de Bellegarde, etc. En 1199, Raoul Ier de Mauléon, seigneur de l'ile de Ré, créa, en faveur des habitants de cette ile, une législation libérale. Son fils, Savary de Mauléon, *Savaricus de Malleone*, comte de Châtelaillon, de Benon, d'Angoulins, seigneur de l'ile de Ré et d'une partie du Bas-Poitou, l'un des plus célèbres chevaliers et troubadours de son temps, avant de partir pour la Palestine, en 1217, la divisa en deux seigneuries et en petits fiefs ou vigueries distinctes et séparées des deux premières, possédées par des suzerains, afin de se ménager des ressources en se faisant un certain nombre de vassaux. (3) Elle devint le siège de deux sénéchaussées, et à la révolution on y établit deux juridictions cantonales, dont celle d'Ars, qui est la partie basse de l'ile, est composée de cinq communes, et celle de Saint-Martin, qui est de quatre communes ; mais une cinquième, par suite du développement du nouveau port de La Pallice et la construction du chemin de fer économique ou tramway de l'ile de Ré, s'impose de droit dans celle de Sainte-Marie.

Suivant un document authentique et inédit du xve siècle, déniché par le savant M. Atgier dans l'important et riche chartrier de M. le duc de La Trémoille, conservé dans son château de Serrant, près Angers. on voit la description des armes des seigneurs barons de l'ile de Ré. « Portaient d'ancienneté, comme encore font les seigneurs de la dicte ysle de Ré, à cause d'icelle seigneurie, une espée en la main, pour leurs armes, signifiant

---

(1) Archives Phelippot.

(2) Le farouche et hideux Hildrick eut l'ile de Ré par donation de Clovis Ier, roi de France, en reconnaissance des services rendus. (Archives Phelippot.) Voir *Lendaste*, roman par A. Garreau (Saintes, 1860), p. 8.

(3) Armes de Savary de Mauléon : *De gueules au lion d'or, couronné à l'antique de même, armé et lampassé de sable, à la bordure d'argent, chargée de 16 besans d..., l'écu accolé de deux roses d'or et timbré d'une croix de chevalier croisé.* (Bibliothèque de La Rochelle, n° 3487. Manuscrit Jourdan.)

Cette illustre famille, qui descend des rois et ducs d'Aquitaine, a le rare bonheur de conserver tous ses titres, qui remontent à la charte de fondation du monastère d'Alaon, sous Charles le Chauve. (Saint-Alais, 2e vol., p. 109.)

que icelle dicte terre et seigneurie de l'isle de Ré, ils tenoient
muement de Dieu et de l'espée. » (1)

* *

Un document constate que Jean VIII, sire de Bueil, chevalier,
grand échanson de France, comte de Marans et de Benon, était
baron et seigneur souverain de l'ile de Ré en 1646, comme hé-
ritier de son oncle, Roger de Saint-Lary, duc de Bellegarde,
marquis de Versoy, etc., commandeur de l'ordre du Saint-Esprit,
pair et grand écuyer de France, gouverneur de Bourgogne, amant
de Gabrielle d'Estrées (2), et qu'il reçut, le 1er novembre 1655,
l'acte de foi et hommage de Jean Séjourné, écuyer, sieur de
Coquereau, conseiller du roi, au devoir d'une maille de Florence
d'or, pour sa seigneurie et fief de Coquereau. (3) Un autre don-
nait le contenu de l'arrêt du parlement de Paris (30 janvier 1663),
portant saisie de la baronnie de l'ile de Ré, par ordre des créanciers de monseigneur de Bueil. (4) Anne de Bueil, comtesse de
Marans, fut baronne de l'ile de Ré en 1664, par acte d'accord
avec les créanciers de Jean de Bueil. (5)

Haut et puissant seigneur Pierre de Perrien, marquis de Crenan en Bretagne, chevalier des ordres du roi et grand échanson de France, baron de Vaujour et de l'ile de Ré, figure dans
un acte de partage avec ses cohéritiers, pardevant notaire, le
4 juin 1670, pour le second lot, où la baronnie de l'ile de Ré
était comprise avec une estimation de 66.000 livres. (6) Il mourut en 1676. Anselme (viii° vol., 586), dit : mort en 1670. (7) La
baronnie de l'ile de Ré fut transportée la même année aux
moines de l'abbaye de Notre-Dame de Sainte-Marie des Châtelliers. Révérend père François-Ignace de Vaillant de Gueslis, conseiller du roi, docteur en théologie, supérieur général de la
maison et faculté de Sorbonne de Paris, fut baron et seigneur de
l'ile de Ré, par acte d'acquisition du 29 septembre 1676, pour la

---

(1) Note et document de M. le docteur Atgier, déposés dans mes archives.

(2) *Bulletin d'autographes* d'Etienne Charavay, de Paris, n° 268, p. 3, janvier 1896.

(3) En la commune de La Flotte en Ré. (Archives Phelippot.) Le 23 avril
1657, le seigneur de l'ile de Ré ratifia tous les dons et privilèges des habitants
de la dite ile de Ré (Privilèges de l'ile de Ré).

(4) Archives Phelippot.

(5) Archives nationales ; liasse n° 6758.

(6) Acte d'opposition du 30 janvier 1663, formé au greffe du parlement par
les prêtres de l'oratoire de Paris, aux criées, vente et adjudication de la baronnie de l'ile de Ré, saisie sur Jean, sire de Bueil, comte de Marans. (Archives Phelippot.)

(7) Arrêt contradictoire du parlement de Paris, du 28 août 1676, portant
contrat de vente de la terre, seigneurie et baronnie de l'ile de Ré, à l'égard
des héritiers et directeurs des créanciers dudit Jean, sire de Bueil, comte de
Marans, au profit des prêtres de l'oratoire de Paris. (Archives Phelippot.)

sómme de 66,000 livres (1) ; il prit possession de ce domaine le lendemain, au nom de la maison et faculté de Sorbonne. Ce marché fut résilié quelque temps après. (2)

Arrêt du conseil d'état du 2 janvier 1677, et non le 30 octobre 1679, comme l'indique M. le docteur Kemmerer, dans son *Insula Rhea*, page 55 (3), qui adjuge la terre, baronnie et sei-

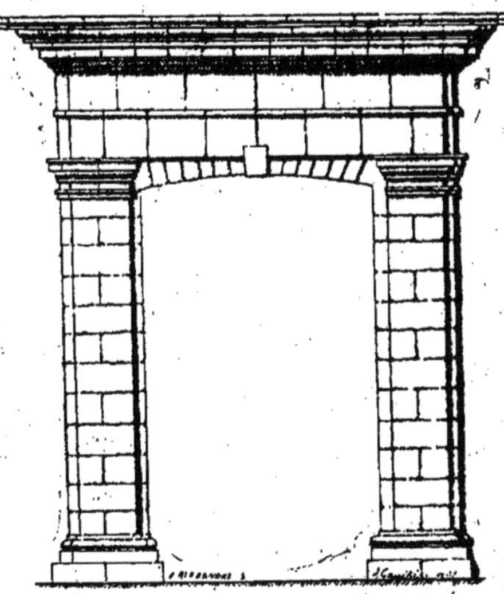

PORTE D'ENTRÉE DE LA BARONNIE DE L'ILE DE RÉ

gneurie de l'île de Ré, suivant acte de possession, aux seigneur, comte et dame comtesse de Volvire de Ruffec (4), savoir : 1° Joseph de Volvire de Ruffec, chevalier, comte du Bois de La Roche en Bretagne, vicomte de Queneville, de Dinio et de Sieract, baron de La Roche-Servière, de Renonville et autres places, premier capitaine des gendarmes de la garde du roi ; 2° Hyacinthe de Volvire de Ruffec, chevalier, comte du Bois

---

(1) Le marquis de Crenan eut un fils d'Anne de Bueil, connu sous le nom de Jean, sire de Bueil, marquis de Crenan. Il se substitua au nom et aux armes de Bueil, suivant les conventions de sa mère, et devint un poète célèbre. Il mourut en janvier 1665, sans laisser de postérité de Françoise de Montalais, fille de Pierre, seigneur de Chambellay. (Voir Moréri, *Dictionnaire*, article *Bueil*.)

(2) Archives nationales ; liasse n° 5, cotée EE.

(3) Jamain père et fils ont été notaires à Saint-Martin de 1731 à 1822.

(4) Archives Phelippot.

de La Roche, vicomte de Queneville, conseiller du roi ; 3º Hélène de Volvire de Ruffec, comtesse du Bois de La Roche et autres terres. Ils prirent, le 23 juin 1677 (1), possession de la baronnie de Saint-Martin de Ré, qu'ils tinrent jusqu'en 1679, époque de la mort du comte Joseph du Bois de La Roche. Ils avaient ratifié tous les dons et privilèges des manants et habitants de l'ile de Ré, le 10 janvier 1678. (2)

Messire André Huchet, écuyer, seigneur de La Bédoyère, conseiller du roi en ses conseils, procureur au parlement de Bretagne (3), fut seigneur et baron de l'ile de Ré, par acte d'acquisition du 13 octobre 1679, passé par Denant-Bertelot et Berton, notaires royaux à Rennes. (4) Huchet déclara les habitants de l'ile de Ré indignes d'avoir de nouveaux privilèges, puisqu'ils n'avaient pas encore envoyé leurs députés pour venir le saluer et le reconnaître pour leur seigneur et baron, malgré la démarche faite en 1681 par les sieurs Louis Gariteau et François La Mouque, de Saint-Martin. (5) Ce qu'ils firent le 8 juillet suivant, et tous leurs dons et privilèges furent ratifiés et confirmés. (6)

M. Kemmerer aurait pu consulter l'arrêt du conseil d'état du 30 mars 1680, « rendu en faveur des habitants de l'isle de Ré, contre le seigneur baron de ladite isle, obtenu à la poursuite et diligence de Mᵉ Erault, des Parées (7), major général des milices, géographe et ingénieur du roy, et député par lesdits habitans de l'isle de Ré » (8), et citer les marquis et non le marquis de Béringhen : 1º Henri de Béringhen, chevalier, seigneur d'Armanville, Le Grez, La Groix, Meilleau, Juvigny, La Breaune et autres terres, chevalier des ordres du roi, gentilhomme ordinaire de sa chambre, gouverneur de la citadelle de Marseille, premier écuyer de France et premier capitaine des armées du roi de Suède et de Nassau, etc., baron et seigneur de l'ile de Ré en 1681 ; 2º Frédéric de Béringhen, marquis de Béringhen et de Commadu, comte de Châteauneuf, baron de Langarzeau, seigneur d'Armanville, de Juvigny et autres places, gentilhomme de la chambre du roi, baron et seigneur de l'ile de Ré en 1689, suivant acte d'abandon de

---

(1 et 2) Pièce originale, autrefois déposée dans les archives de la mairie de Saint-Martin ; liasse nº 2.

(3) Huchet. Cette famille est aujourd'hui représentée par le marquis Henri Huchet de La Bédoyère, ancien préfet ; Huchet de La Bédoyère, en son château, par Montfort ; A. Huchet de La Bédoyère, inspecteur des lignes télégraphiques, et autres, tous enfants et petits enfants d'Henri Huchet, comte de La Bédoyère, savant littérateur et célèbre bibliophile, né à Paris en 1782, mort en 1831 (Catalogue d'Ernest Dumont, libraire à Paris, p. 3, nº 14.) Armes : *Ecartelé aux : 1 et 4 d'argent à trois huchets de sable*, Huchet ; *aux 2 et 3 d'azur à 6 billettes d'argent*, La Bédoyère.

(4 et 5) Archives nationales ; liasse nº 5, cotée EE.

(6) Anciennes archives de la mairie de Saint-Martin de Ré ; liasse nº 2.

(7) Seigneurie située dans la commune de Sainte-Marie de Ré.

(8) Archives Phelippot.

Henri de Béringhen. (1) Frédéric de Béringhen mourut en 1710 environ. (2)

Les héritiers de Frédéric de Béringhen, marquis de Commandu, avaient des droits sur la baronnie de l'ile de Ré, et de 1710 à 1712 ils se qualifiaient seigneurs et barons châtelains de la dite île. (3)

Pour le baron Masseau de Beauséjour, indiqué n° 6, M. Kemmerer aurait pu mentionner son fils et sa fille, qui sont qualifiés dans les actes du temps de noble homme Jean-Pierre Masseau de Ré, écuyer, avocat en parlement, et noble damoiselle Marie Masseau de Ré, seigneur baron et dame baronne de l'ile de Ré, possesseurs des fiefs et seigneuries de Villeneuve, La Grenetière, Montamer, du Rillon, près Châtelaillon (4), etc., par droit d'héritage de Jean Masseau de Beauséjour, leur père, en 1734. (5)

---

(1) Anciennes archives de la ville de Saint-Martin, malheureusement brûlées.

(2) Pièces originales communiquées par M. A. Claudin, libraire et publiciste à Paris.

(3) Anciennes archives de Saint-Martin de Ré.

(4) Le domaine du Rillon, situé dans la baronnie de Châtelaillon en Aunis, avait appartenu à messire Laurent de Loze, chevalier, seigneur de Monluc, l'une des célébrités rétaises.

(5) Anciennes archives de la ville de Saint-Martin. Jean Masseau, écuyer, sieur de Beauséjour, seigneur baron de la baronnie de l'ile de Ré, capitaine général des milices de l'ile de Ré, receveur général et régisseur des droits et fermes de l'abbaye de Notre-Dame des Châtelliers, en remplacement de sieur André Clavreau de La Doüec (fief de la commune des Portes en Ré), et en société verbale avec son beau-frère Jean Penetreau, autre famille importante de l'ile de Ré, dont la notice suit cet article.
Ils furent les dévastateurs et les vandales de cet antique monastère. (Voir *Pièces justificatives*, n° 4.) Jean Masseau naquit à Ars, le 6 janvier 1668, de Nicolas Masseau, avocat au présidial de La Rochelle, depuis lieutenant politique d'Ars, et de Marie Gilbon, autre famille importante de l'ile de Ré. Elle compte plusieurs illustrations, et, suivant un historien moderne, elle avait pour armes : *D'argent au chef d'or, au franc quartier d'azur, chargé d'une clef d'or*, l'écu timbré d'une couronne de comte, et pour supports deux levrettes colletées et bouclées d'or. Il mourut à Saint-Martin en 1734, et fut enterré dans l'église de cette ville. (Voir *Pièces justicatives*, n° 6.)
Cette importante famille a encore de nombreux représentants à Charente, à Paris, à La Rochelle, à Rochefort, etc. Ses nombreux blasons forment un véritable armorial rétais. Louis Masseau, écuyer, sieur de La Nouc, avait pour armes : *D'azur à 5 losanges de gueules, 3 et 2* (d'Hozier) ; Pierre Masseau, notaire et procureur à La Rochelle, avait aussi pour armes : *D'argent à un arbre arraché de sinople, surmonté d'un oiseau de sable* (armorial de la généralité de La Rochelle) ; Jean-Pierre Masseau, sieur du Fier (commune des Portes), portait : *D'or à deux bâtons de sable, posés en sautoir, aux lettres d'argent, J. P. en chef ; à senextre, D ; et à dextre F. et M. en pointe ;* l'écu surmonté d'une couronne de laurier (archives Phelippot) ; Nicolas Masseau, sieur de La Rivière (commune des Portes), portait : *D'argent à la mer agitée d'azur, de six pièces, le tout chargé d'un masseau d'or*, l'écu surmonté d'une couronne de baron. Son portrait a été peint par Varingot, et il existe encore dans la famille Boucher, d'Ars en Ré. Le fastueux et opulent baron Jean Masseau avait un blason bien plus compliqué et ornementé que les autres membres de sa famille. Je ne parle pas des armes de Masseau de La Croix, Masseau du Graffaud, Masseau La Sauzaie, Masseau de Saint-Eloi, etc. Celui du baron de l'ile de Ré était : *Ecartelé aux 1 et 4 d'azur à 3 masses d'or, posées deux en chef, une en pointe ; aux 2 et 3 de gueules à deux tibias d'argent, posés en sautoir ;* sur le tout un cinquième blason : *D'or, au sautoir de*

En 1738, ils firent mettre en adjudication, à titre de bail, les biens et revenus de la seigneurie et baronnie de l'ile de Ré. (1)

En 1712, Jean Masseau se qualifiait seigneur et baron de l'ile de Ré ; le 21 mars de la même année, il passait une baillette au sieur Tardy, d'une somme de cinq livres de menu cens (acte de Rochard) ; au sieur Etienne Dupeux, une autre baillette de deux paniers de vendange de cens, une autre d'un denier de cens et trente sols de rente seigneuriale, etc. En 1713, il passait

---

sable, à deux harpes d'argent, une en chef, l'autre en pointe, à la bordure d'argent ; l'écu timbré d'une couronne de comte, ayant pour tenants deux sauvages au naturel, armés de masses d'or, couronnés de toques ornées de plumes d'autruches, ayant une ceinture ou pagne de plumes d'autruches. (Archives Phelippot, pièce originale.)

Le 15 juillet 1714, par acte d'assemblée des habitants de Saint-Martin, il est reconnu seigneur de la baronnie de l'ile de Ré, et par ce même acte, on lui accorde tous les honneurs, droits et prérogatives, même celui du pain bénit, et qu'il « aye ses armes où bon luy semblera ». (Voir *Pièces justificatives*, nᵒ 1.)

Acte d'assemblée des habitants de Saint-Martin, du 14 juin 1716, qui nomme messire Jean Masseau, sieur de Beauséjour, seigneur de cette baronnie, messire Irénée-Joseph Prévost, avocat au présidial de La Rochelle, sénéchal de la dite baronnie, fabriqueurs en charges de l'église de Saint-Martin, etc. L'acte d'assemblée est signé : de Mannevillette, gouverneur de l'ile de Ré ; Tachard, colonel des milices, etc. (Voir *Pièces justificatives*, nᵒ 2.) En 1718, il adressa une requête au ministre de la marine et signe sa requête de cette qualification : « de Masseau, seigneur de la baronnie de l'ile de Ré. » (Archives de la marine, nᵒ 283.) Le 9 février 1721, comme son devancier Huchet de La Bédoyère, il déclara les habitants de sa seigneurie et baronnie indignes de confirmer et de leur accorder de nouveaux privilèges, le tout par suite de leur négligence à venir lui rendre hommage, le saluer et le reconnaître pour leur seigneur, etc. (Voir *Pièces justificatives*, nᵒ 3.) Le 4 décembre 1726, il adressa à son beau-frère Jean Penetreau, à Saint-Martin, une très longue et très curieuse supplique ou doléance, se plaignant de sa triste situation et lui rappelant les ventes faites antérieurement des malheureuses dépouilles de l'abbaye des Châtelliers (voir *Pièces justificatives*, nᵒ 4), et il mourut dans sa maison baronnale de Saint-Martin, en 1731 (Voir *Pièces justificatives* nᵒ 6.)

Penetreau, ancienne et importante famille de l'ile de Ré. En 1540, messire et honorable homme Pierre Penetreau, écuyer, capitaine des milices bourgeoises et procureur général des manants et habitants de l'ile de Ré, habite le bourg de Saint-Martin. En 1544, il est nommé procureur et député par lesdits habitants, auprès de leur seigneur, afin de maintenir leurs droits et privilèges. (Archives de la famille Baudin.) Son fils, Jean-Denis, est notaire seigneurial et procureur à Saint-Martin ; le fils de ce dernier, messire Jean-Simon Penetreau des Augiers, écuyer, chevalier de l'ordre royal et militaire de Saint-Louis, capitaine commandant au régiment de Poitou, l'un des héros de l'armée des Alpes, de Plaisance, de Rosbach, etc.. né à Saint-Martin de Ré ; Jean-Louis Penetreau des Augiers, écuyer, chevalier de Saint-Louis, fils de Jean-Simon, cadet volontaire en 1771, chef de bataillon d'infanterie, puis lieutenant-colonel au 56ᵉ de ligne, depuis colonel, a commandé comme général provisoire plusieurs brigades d'infanterie, compagnon d'armes et ami intime de Bernadotte, qui devait épouser sa sœur, Mˡˡᵉ des Augiers, depuis chef de légion de la garde nationale de l'ile de Ré, né à Sainte-Marie, mort à Saint-Martin en 1840 ; Pierre-Guillaume Penetreau des Augiers, écuyer, capitaine d'infanterie, frère de Jean-Louis Penetreau, marié à Mˡˡᵉ Souchard des Barres, né aussi à Sainte-Marie, mort à Saint-Martin. Cette famille portait : *Coupé au premier d'or à trois grenades allumées de gueules, au deuxième d'azur à trois chevrons d'or, posés en fasce, et en pointe, trois glands de même ;* l'écu timbré d'une couronne de comte et d'une croix de Saint-Louis en sautoir. (Archives Phelippot.)

(1) Archives Phelippot.

aussi un très grand nombre de baillettes à diverses personnes :
le 1er septembre, au profit de messire Abraham Pagès, écuyer,
sur une maison à Saint-Martin. (Archives de M. Julien Moreau.)

Arrêt de la cour de Paris (23 août 1743), qui ordonne la
vente de la baronnie, terre et seigneurie de l'île de Ré. (1)
Haute et puissante dame Claudine-Alexandrine de Guérin de
Tencin, supérieure de Montfleurie, chanoinesse de Neufville (2),
devint dame baronne de l'île de Ré, par acte d'adjudication de
1743. Elle possédait sur cette baronnie une rente de 1.500 livres
au capital de 50.000 livres, suivant contrat passé par Me Jourdan, notaire conseiller du roi, au châtelet de Paris, le 6 septembre 1725 ; elle mourut en 1749. (3)

Françoise de Guérin de Tencin, marquise de Tencin, veuve
de haut et puissant seigneur Laurent Ducros, chevalier, comte
de Groslé, du Roussillon et autres places, conseiller du roi en
ses conseils d'état et privé, fut dame baronne de l'île de Ré en
1749, par droit d'héritage de la chanoinesse de Neufville, sa
sœur, suivant acte de renonciation du 23 mars 1751, passé devant Me Bontemps, notaire à Paris. Le cardinal Pierre de Guérin
de Tencin, archevêque et comte de Lyon, ministre d'état, etc.,
et autres héritiers renoncèrent à leurs droits sur la baronnie de
l'île de Ré, en faveur de Françoise de Guérin de Tencin. (4)

M. le docteur Kemmerer, dans son *Histoire de l'île de Ré*
(2e édition, page 56), n'indique pas Françoise de Guérin de Tencin comme dame baronne de l'île. (5) S'il eut connu son existence, il n'aurait pas manqué, dans sa réponse à M. le docteur
Atgier, de lui donner un numéro.

Françoise de Guérin de Tencin fit une donation entre-vifs à son
neveu, le comte d'Argental, qui suit, de la terre et baronnie de
l'île de Ré, pour une somme d'argent déterminée et une rente
viagère de trois cents livres. (Acte de Me Bontemps, notaire
au châtelet de Paris.) Cette terre et seigneurie relevait en plein
fief, foi et hommage de sa majesté le roi de France, à cause de
sa tour du Louvre. (6)

Charles-Augustin de Ferriol, comte d'Argental, chevalier,
conseiller d'honneur au parlement de Paris, ministre plénipo-
tentiaire de son altesse royale l'infant d'Espagne, duc de Parme,
de Plaisance et de Guastella, ancien ambassadeur de la Porte,

---

(1) Anciennes archives de la ville de Saint-Martin.

(2) Femme célèbre par ses écrits et par ses galanteries, mère de d'Alem-
bert, maîtresse du cardinal Guillaume Dubois, archevêque de Cambrai, le trop
fameux précepteur et ministre du régent.

(3) Pièce originale communiquée par M. Lucas de Montigny, conseiller de
préfecture de la Seine.

(4) Archives de M. Julien-Elie Moreau, greffier de la justice de paix de Saint-
Martin de Ré.

(5) Armes des de Guérin de Tencin (Dauphiné) : *D'or, à l'arbre de sinople ;
au chef de gueules, chargé de trois besants d'argent.* (Gourdon de Genouillac,
1860, p. 236.)

(6) Archives de M. J. Moreau, greffier de la justice de paix à Saint-Martin.

depuis ami de Voltaire, frère d'Antoine de Ferriol, comte de Pont de Veyle, intendant général des classes de la marine, auteur dramatique, fut seigneur baron de l'île de Ré, par suite de l'acte de donation de Françoise de Guérin de Tencin, cité plus haut. (1)

Au mois de janvier 1755, le comte d'Argental abandonna au roi tous ses droits de justice haute, moyenne et basse..., disant que « cette justice entre les mains d'un seigneur particulier ne devient pas moins préjudiciable au bien public qu'à celui qui la fait exercer, vu que, dans cette isle, le crime y est fréquent et la punition très rare...; que la poursuite ne s'en fait pas moins par les officiers du seigneur; mais, n'étant suivi que d'une vaine condamnation, ne fait qu'enhardir les criminels, multiplier les crimes, etc. » (2)

Le 11 août 1762, le seigneur de l'île de Ré reçut l'acte de foi et hommage des abbé et religieux de l'abbaye des Châtelliers de Notre-Dame ou Sainte-Marie de Ré, pour leur four banal de la ville de Saint-Martin. (3) En 1767, il ratifia et confirma tous les dons et privilèges des habitants de cette île. (4) Le 28 février 1772, il bailla à titre de ferme, pour neuf années entières et consécutives, à partir du « 1er janvier 1774, à Me Jean-Simon-David Foucault, avocat au parlement de Paris, conseiller du roi, son sénéchal de ladite baronnie de l'isle de Rhé, demeurant en la ville de Saint-Martin en ladite isle, de présent à Paris, logé rue Saint-Jacques, paroisse Saint-Séverin, la maison baronnale, ses appartenances et dépendances, marais salants, droits seigneuriaux, féodaux et généralement tous les biens et autres droits, etc., pour et moyennant la somme annuelle de trois mille cinq cent soixante livres de fermage, plus de donner à Mme la comtesse d'Argental, pour épingle du présent bail, seize louis d'or de vingt-quatre livres chacun, et surtout sans pouvoir prétendre aucune diminution sur le prix du présent bail, soit pour famine, grèle, stérilité, inondation, feu du ciel, guerre et autres cas prévus et imprévus... » (5)

Le 15 décembre 1775, le comte d'Argental (6) transporta et vendit à messire Pierre-Georges-Félicien de Boffin, comte de Pusignieu ou Pusignieux, capitaine de dragons au régiment

---

(1) Archives de M. J. Moreau, greffier de la justice de paix à Saint-Martin.

(2) Arcère, *Histoire de La Rochelle*, t. 1, p. 647-648.

(3) Archives de M. J. Moreau, greffier de la justice de paix à Saint-Martin; acte de Me Desnouy, notaire, du 13 août 1791, art. 166.

(4) Anciennes archives de la mairie de Saint-Martin de Ré.

(5) Archives de M. Foucault, juge au tribunal civil de La Rochelle, sur lequel un article biographique est publié plus loin.

(6) Le comte d'Argental mourut à Paris, le 6 janvier 1788, et laissa pour légataire universel messire de Boffin, comte de Pusignieu, par son testament daté à Paris le 9 mars 1787 et déposé pour minute à Me Margautin, notaire à Paris. (Archives de M. Foucault.) Armes : *D'azur, semé de roses d'or, à la bande de même, chargée de trois lions de sable, brochant sur le tout; l'écu timbré d'une couronne de marquis. (Recueil d'armoiries françaises.)*

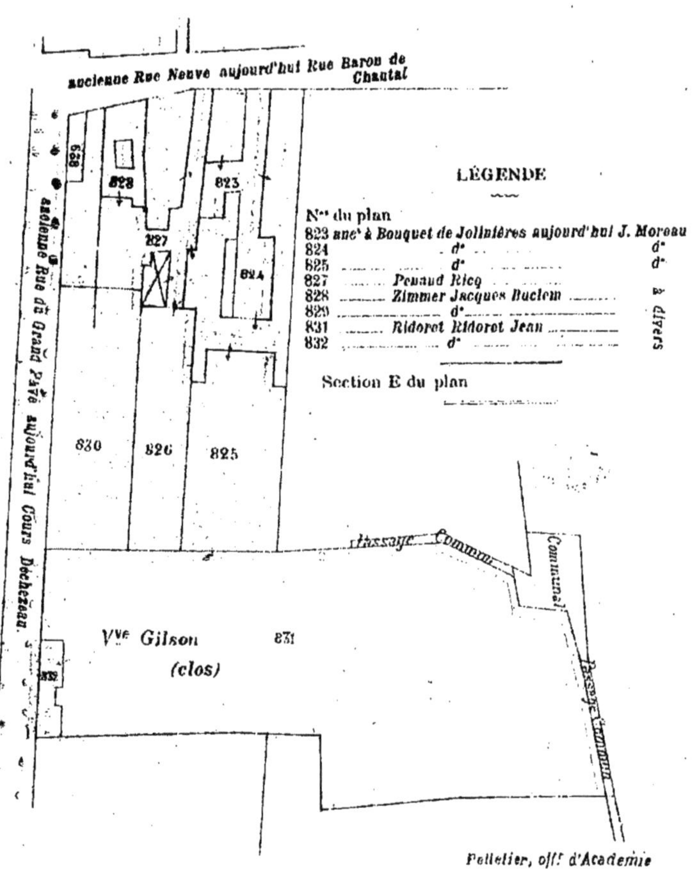

PLAN DE L'ANCIENNE BARONNIE DE L'ÎLE DE RÉ

BARONNIE DE L'ILE DE RÉ (façade intérieure)

Dauphin, demeurant ordinairement à Grenoble et aujourd'hui
logé quai d'Orsay, à Paris, « la baronnie, terre et seigneurie de
Saint-Martin en l'isle de Ré, avec tous les honneurs et prérogatives, droits nobles et féodaux, etc., pour la somme de 107.000
livres, et accorde l'entière jouissance à partir du 1er janvier 1776,
suivant acte de Me Arnet, conseiller du roi, notaire au châtelet
de Paris. »

* *

Enfin, une copie faite par moi d'un document inédit et très
important pour l'histoire de l'île de Ré, indiquait que le comte
de Pusignieux n'était pas le dernier seigneur vénal de la baronnie rétaise, et qu'en 1785, « très haut et très puissant seigneur monseigneur Charles-Alexandre de Calonne, chevalier,
conseiller ordinaire au conseil royal, contrôleur général des
finances, ministre d'état, commandeur grand trésorier des ordres du roi, et messire André-Charles de Bonnaire de Forges,
chevalier, conseiller du roi en ses conseils, maître des requêtes
ordinaire de son hôtel, intendant au département des domaines
et bois, furent nommés commissaires par arrêt du conseil d'état,
signé du baron de Breteuil, etc., à l'effet d'inspecter et d'estimer
la baronnie, terre et seigneurie de Saint-Martin en l'isle de Ré,
ce qu'ils firent ; et après une vérification très exacte des titres
et de tous les droits, honneurs et privilèges, ils l'achetèrent
pour le compte d'une des plus importantes maisons de France,
surtout en considération de sa position géographique, qui a non
seulement servi utilement, pendant la dernière guerre, à diffé-
rents objets relatifs à la marine, mais encore, en cas de nouveaux troubles, elle serait également importante aux disposi-
tions préparatoires de la guerre, etc., et surtout de faire revivre
un certain nombre de droits nobles, féodaux et même en
roture, tombés en quenouille par la négligence des anciens
barons et seigneurs de l'île de Ré et depuis plus de quarante
ans, etc. » Pierre-Georges-Félicien de Boffin, comte de Pusignieux (1), chevalier, mestre des camps et armées du roi, colonel commandant le régiment royal Lorraine-cavalerie, gouverneur de la ville de Gap (2), et Louise-Adélaïde-Julie de Santo-
Dominique, comtesse de Pusignieux, son épouse, demeurant à
Paris, quai d'Orsay, paroisse Saint-Sulpice, achetèrent la baronnie, terre et seigneurie immédiate sur les trois quarts de
l'île et sur plus de quinze mille habitants, dont un château d'une
vaste étendue, avec jardin, clos et toutes servitudes, plus les
droits dans les fiefs de La Flotte, Saint-Martin, Le Bois et La

---

(1) Le titre original déposé dans mes archives dit « comte de Pusignieux » et
non marquis de Pusigneu.

(2) Parent de Louis-Félicien de Boffin d'Argenton, marquis d'Argenton, puis
de Pusignieux, commandeur de Saint-Louis, lieutenant général, mort en 1778.
(*Dictionnaire des généraux français*, par Courcelles, 2e vol., pp. 372-373.)
Armes : *D'azur à la croix cléchée et vidée d'argent ;* couronne de duc.

Couarde, plus les droits de cens, rentes et redevances en grains
et argent, droit de percevoir le huitième des fruits des ven-
danges, grains et légumes qui croissent dans l'étendue des cinq
fiefs dépendant de ladite baronnie, appelés Les Manjaudières,
Les Charbonnières (Charbonniers), Les Poirières, Les Deux et
La Pointe (1) ; la redevance appelée « taille à Madame », marais
salants (2), terres, prés, bois, droits de chasse et de pêche, droits
de présentation et nomination aux offices, mouvances, droits féodaux et seigneuriaux, aux mutations, tant des fiefs nobles que
des rotures. « Cette vente est faite pour et moyennant la somme
de 240 mille livres, prix principal, le tout constitué en une rente
viagère de 24 mille livres de rente viagère, reversible pour 12
mille livres, au profit et sur la tête de ladite dame comtesse de
Pusignieux au cas qu'elle survive à son mari. Ladite rente est
franche et exempte de toutes impositions généralement quel-
conques, mises et à mettre, et payable par les gardes du trésor
royal, etc.; plus, de payer et acquitter à compter dudit jour,
1er janvier, les charges réelles et foncières dont ladite terre peut
être franche et acquittée des arrérages du passé ; d'entretenir
le bail actuellement existant, d'indemniser le fermier de ladite
terre et baronnie, etc.; comme aussi lesdits sieur et dame comte
et comtesse de Pusignieux seront tenus de remettre au greffe
de la chambre des comptes de Paris tous les titres de propriété, papiers, baux et autres documents qu'ils peuvent avoir
et servant à établir leur propriété et concernant la terre, seigneurie et baronnie de l'isle de Rhé, etc. Fait et passé à Paris,
en l'hôtel du comte et de la comtesse de Pusignieux, l'an 1785, le
22e jour d'avril, avant midi, et ont signé la minute des présentes
demeurée entre les mains de l'un des notaires, conseiller du
roy, etc. » (3)

En 1781, le manoir ou maison principale (4) avait été loué sépa-
rément pour la somme de 340 livres à M. le sénéchal Foucault (5),

---

(1) Les revenus de ces cinq fiefs se portaient anciennement au lieu dit Hé-
ridon, où il y avait de vastes magasins, pressoirs, granges et autres servi-
tudes. L'emplacement était primitivement appelé fief, puis prieuré de Dieu-
Lydon, Dieu-Lydon, situé dans le fief de La Couarde, près des terres de
Georges de La Germarrière, sieur de La Maratte. (Deville, notaire à Saint-
Martin; archives Phelippot.)

(2) Trente livres de marais salants et leurs dépendances, estimées 600 livres
l'une et situées dans l'étendue de la seigneurie et fiefs d'Ars en Ré, Loix et
Les Portes. (Archives Phelippot.)

(3) Document original et inédit dans mes archives.

(4) Voir le plan, le portail et la façade intérieure. Planches 1re, 2e et 3e.

(5) Foucault. Cette famille Foucault, fort ancienne, est originaire du Poitou ;
ses domaines étaient situés entre la ville des Sables et celle de Fontenay.
Elle s'est divisée en deux branches : l'une est restée protestante ; elle est représentée par M Henri-Edme Foucault, né à Saint-Martin, conservateur de l'en-
registrement et des domaines de la Charente-Inférieure en retraite, domicilié
à La Rochelle, dont postérité ; la seconde branche est catholique ; elle est
représentée par M. Jacques-Louis-Charles Foucault, ancien notaire, avocat,
juge au tribunal civil de La Rochelle, né à Saint-Martin le 27 juillet 1846,

qui l'habitait depuis 1772. C'est à partir de cette époque qu'il en
fit le siège principal de la sénéchaussée, jusqu'à la révolution. (1)

En 1790, la baronnie rétaise fut saisie par l'état comme propriété nationale appartenant à la couronne, et vendue publi-
quement à La Rochelle, avec tous ses redevances, droits nobles
et féodaux, même de cens grands et petits, droits corporels et
temporels, — chose extraordinaire pour l'époque : le régime de
la servitude et de la féodalité venait d'être détruit par le nouveau gouvernement, soi-disant égalitaire, — à Pierre-Polycarpe
Fournier des Ormeaux, négociant, ancien maire de Saint-Martin,
président du tribunal de commerce de l'île de Ré, depuis
membre du district de La Rochelle, pour la somme de 124.000
francs, suivant procès-verbal de vente dressé le même jour. (2)
Le comte et la comtesse de Pusignieux perdirent leur rente de
24.000 livres.

Les 11 et 25 juillet suivant, il fit donner sommation par exploit
du sieur Brun, huissier à Saint-Martin, à Foucault, maire ;
Jean-Simon-David Foucault, chevalier de Saint-Louis, colonel

---

dont deux fils : 1° Louis-Marie-Charles Foucault, licencié en droit, né à Saint-
Xandre le 27 janvier 1874 ; 2° Fernand-Charles Foucault, aussi né à Saint-
Xandre le 30 mars 1876. Adrien-Maxime Foucault, notaire à La Rochelle,
frère du juge au tribunal civil, est né à Saint-Martin le 9 novembre 1862 ;
il a une fille, née à La Rochelle le 18 décembre 1895.

Cette famille a donné entre autres personnages : un capitaine des gardes
du vice-roi d'Irlande, un précepteur des enfants du même vice-roi (1696), des
marins distingués, des conseillers au parlement de Paris, des sénéchaux de
l'île de Ré, un général commandant en chef l'armée de l'ouest, des chefs de
bataillon du génie, un chef de division des canonniers gardes-côtes, un procureur du roi, un procureur syndic des habitants de l'île de Ré, un maire de
Saint-Martin, un président du tribunal de commerce de l'île de Ré, des officiers et des chevaliers de la légion d'honneur, des chevaliers de Saint-Louis et
du mérite militaire. Elle compte huit lignées de licenciés en droit : Jehan
Foucault, licencié ès lois, en 1490 ; Jean Foucault, écuyer, sieur de Loudon,
fils de Jehan, en 1536 ; Hiérosme Foucault, écuyer, sieur de Couture, licencié
en droit, fils de Jean, en 1565. Honorable homme Pierre Foucault, réfugié
protestant, habitait le bourg de Saint-Martin en 1685. Ses armes sont : *D'argent au chevron de gueules, accompagné en chef de cinq étoiles d'or, pla-
cées en abîme et en pointe, d'un cygne de même sur une terrasse de sable ;*
l'écu timbré d'un casque de chevalier, orné de lambrequins aux couleurs de
l'écu. Sur des cachets de famille, on voit que l'écu est surmonté d'une couronne de comte (archives Foucault et Phelippot.)

(1) Le sceau de la sénéchaussée de la baronnie de Saint-Martin de Ré a été
trouvé dernièrement dans une maison de cette ville, et il est aujourd'hui
déposé dans mon musée. Ce magnifique monument sigillographique en bronze
comble heureusement une lacune héraldique rétaise. Il représente les armes
de messire et noble homme Josué Mousnier, sieur de Grand-Maison, de Beaulieu, etc., avocat au parlement de Bordeaux, sénéchal de cette baronnie, d'une
famille importante de l'île de Ré, né à Saint-Martin en 1640, mort en cette
ville le 30 juin 1711, enterré dans l'église le 1er juillet suivant. Louis-Alexandre
Mousnier de Beaulieu, écuyer, ancien officier d'infanterie, conseiller du roi en
ses conseils, président trésorier de France au bureau des finances de La Rochelle, fils du sénéchal, né à Saint-Martin le 5 mars 1695, épousa Anne
Parnajon, de La Rochelle, dont Louis-Alexandre-Josué Mousnier de Beaulieu.
(Archives Phelippot.)

(2) Archives de la Charente-Inférieure. (Notes de M. de Richemont, archi-
viste.)

du 68ᵉ régiment d'infanterie, depuis général commandant en chef l'armée des Sables; à dame Foucault, veuve Barrin de La Galissonnière. et à demoiselle Foucault, fille majeure, frères et sœurs, héritiers de leurs père et mère, de lui remettre dans la huitaine, pour tous délais, tous les actes, titres, registres, baux, baillettes et autres papiers qu'ils ont par devers eux, concernant la ci-devant baronnie de l'île de Ré, de vider de corps et de bien, à ladite époque, la susdite baronnie, plus de lui remettre toutes les clefs ; et le même jour (25 juillet), il fit aussi donner sommation au sieur Jean-François Prévost (1), et le même jour, pour délais, de lui remettre les clefs du parquet et prisons, dépendant de ladite ci-devant baronnie (2), et enfin le « cinquième aoust de la même année », il fit dresser par Mᵉ Desnouy, notaire, un procès-verbal d'inventaire de tous les titres, actes, registres et papiers de ladite baronnie. Les archives étaient importantes : l'inventaire constate qu'il y avait 175 liasses ou pièces, plus 6 registres de grands et menus cens pour les paroisses de Saint-Martin, Le Bois, La Couarde, La Flotte et Sainte-Marie. (3)

Le 25 août 1792, l'assemblée nationale supprima tous les droits et devoirs en fruits, en cens, agriers, etc., ce qui fut une grande perte pour Fournier des Ormeaux, et le 8 octobre suivant, il adressa à la convention une pétition réclamant une indemnité et un remboursement de 82.094 livres 8 sols et 3 deniers. Un arrêté du directoire de la Charente-Inférieure, du 15 décembre de la même année, fixa l'indemnité à 79.777 livres et 9 sols. (4)

Le 20 nivôse an x (10 janvier 1802), Théodore-Henri Baudin, négociant (5), devint propriétaire de la baronnie de Saint-Martin, par son mariage avec Mˡˡᵉ Julie Fournier des Ormeaux. (6) Le 10 nivôse an xiv (29 juin 1806), Baudin et son épouse transportent à Jean Ridoret, jardinier, pour la somme de 8.000 francs, le grand clos, les maisons d'habitation et celliers du jardinier (7). En 1830, la maison baronnale de l'île de Ré était

---

(1) Prévost, vieille famille rétaise, originaire du Poitou, compte : Guillaume Prévost, seigneur de Magnils-Jaudouin, en 1150, père de Guillaume Prévost, évêque de Poitiers en 1214. Le premier qu'on trouve à Saint-Martin est : Jehan-Pierre Prévost, écuyer ; il habitait ce bourg en 1470, et était neveu de noble dame Catherine Prévost de Passac, dame dudit lieu de Passac, en 1417. Un rameau de cette famille s'est fixé à Ars, un autre aux Portes. Pierre-Nicolas Prévost, écuyer, sieur de Champ-Fleuri, avocat en parlement, né à Saint-Martin en 1530, fut père de François Prévost, écuyer, avocat, conseiller du roi en parlement, procureur général des habitants de l'île de Ré, etc. Armes : *D'argent, à deux fasces de sable, accompagnées de six merlettes de même, 3, 2 et 1;* couronne de marquis. (G. de Genouillac, dans son *Recueil d'armoiries,* p. 377. Archives Phelippot.)

(2) Voir pièces justificatives, nᵒ 7.

(3 et 4) Archives de M. Julien Moreau, greffier de la justice de paix.

(5) Baudin, famille ancienne et importante de l'île de Ré, originaire de La Rochelle, compte plusieurs illustrations. Le premier qu'on trouve est Guillaume Baudin, varlet, sieur de La Rolanderie en 1273, etc.

(6 et 7) Actes de Mᵉ Desnouy, notaire à Saint-Martin.

la propriété de Louis Bouquet de Jolinière, chef de bataillon
d'infanterie, officier de la légion d'honneur, chevalier de Saint-
Louis, de la croix de fer et de la croix d'or de Saint-Ferdi-
nand d'Espagne.(1) Le 4 septembre 1827, il avait épousé Suzanne-
Lætitia Baudin.

Le 24 août 1849, on y installa des sœurs dites dames de Sainte-
Marie de la Providence de la congrégation de Saintes, pour l'in-
struction des jeunes filles. Cet établissement religieux fut main-
tenu quelques années seulement. Aujourd'hui cette propriété
appartient à M. Julien-Élie Moreau, savant collectionneur, greffier de la justice de paix de ce canton.

* *
*

La réponse de M. le docteur Kemmerer au mémoire de M. le
docteur Atgier est d'autant plus intéressante qu'elle signale
l'existence d'un possesseur de la terre, baronnie et seigneurie
rétaise, ayant, suivant lui, le n° v, totalement inconnu des
historiens, des biographes et des collectionneurs, même du
P. Arcère, le savant historien rochelais. M. Kemmerer désigne
René Dupin simplement comme « seigneur rétais », sans aucune
qualification.

En parcourant l'*Insula Rhea* de M. Kemmerer, on remarque
à la page 107 la citation suivante : « Du fond de son salon,
Claudine de Tencin surveillait l'effondrement de cette famille.
(Masseau.) Elle conçoit le projet de s'emparer de cette seigneurie ; mais elle a la pudeur des âmes vieillies dans la rouerie.
Elle cherche un homme qui s'abaissera pour lui ouvrir le chemin, elle le trouve. Cet homme fut René Dupin, qui accepta le
rôle de cessionnaire. Le 12 octobre 1733, Mme de Tencin, cachée
derrière Dupin, signifie le transport de ses créances au baron
Masseau. Elle exige le remboursement de 95.000 livres, aug-
menté des intérêts. Trois ans après, René Dupin poursuit la
saisie réelle de la baronnie rhétaise, et le 23 août 1743, malgré
l'opposition des habitants, elle lui est adjugée pour la somme
de 66.000 livres, après dix ans de procédure. »

Conclusion : René Dupin n'a été qu'un prête-nom et non un
seigneur en titre ; M. Kemmerer, à la page 56 du même ouvrage,
ne le cite pas comme seigneur baron de l'île de Ré. Il aurait dû

----

(1) Fils de Théobald Bouquet de Jolinière, ancien procureur de la châtellenie
de Rançon (Haute-Vienne), et de Marie-Thérèse de Roumilhac, père de Louis-
François-Henri Bouquet de Jolinière, né à Saint-Martin le 11 octobre 1828,
colonel d'infanterie en retraite, officier de la légion d'honneur, décoré de plusieurs ordres étrangers, l'un des héros du Bourget, du château Meudon, de
Buzenval, etc., marié à Mlle Mathilde-Eugénie Lemercier, dont plusieurs
enfants ; un est officier de cavalerie. Armes de la famille Bouquet de Jolinière, du Poitou: *D'argent, au bouquet de fleurs naturelles. (Armorial du
Poitou ; Dictionnaire du Poitou, tome Ier, p. 682.)*

alors lui donner le n° XXIX et le n° XXX à M"" la chanoinesse de Neufville.

Cette question demande à être sérieusement étudiée.

.˙.

En parcourant le mémoire de M. le major Atgier, on voit qu'il ignore l'existence, dans les archives nationales à Paris, d'une copie, faite sur de grands rôles de parchemin, de ces mêmes chartes; « comme le phénix, elles ne renaquirent pas de leurs cendres. » M. le docteur Atgier, à qui j'ai fait part de mes réflexions, m'a déclaré ceci : « Il est heureux, d'ailleurs, d'apprendre que la petite notice qu'il a lue à la Sorbonne, a permis de découvrir qu'il existait d'autres copies de ces chartes, en particulier celle qui lui a été communiquée depuis par M. le duc de La Trémoille, copie conservée dans son riche chartrier du château de Serrant près Angers, et qu'enfin il vient de découvrir, dans ce même dépôt, de nouvelles chartes qu'il croit inédites. »

En résumé, je suis heureux d'avoir pu ajouter quelques noms à la liste des possesseurs de la seigneurie et baronnie de l'île de Ré. C'est un petit contingent à ladite liste.

Th. PHELIPPOT.

˟
˟ ˟

PIÈCES JUSTIFICATIVES

N° 1er

1714, 15 juillet. — Assemblée des habitants, curé et fabriqueurs de la ville de Saint-Martin, où M. Masseau, sieur de Beauséjour, est reconnu seigneur de cette seigneurie avec tous les droits qu'il prétend.

Aujourd'hui, ce 15 juillet 1714, en l'assemblée des habitants de cette ville au banc de la fabrique, à l'issue de la grande messe où ont esté présents messire Pierre Gaillard, prestre curé de cette paroisse, chanoine de l'église cathédrale de La Rochelle, docteur de la faculté de Paris et archiprêtre de cette isle de Ré ; messire Joseph-Irené Prevost, avocat au siège présidial de La Rochelle, sénéchal, seul juge ordinaire civil, criminel et de police de cette baronnie ; maistre Pierre Rochard, procureur fiscal de cette ditte baronnie, et des habitants soussignés et autres qui ne sçavent signer ; les sieurs François Daniel, le sieur Michel Baron et le sieur Hector Tachard (1), fabriqueurs, qui ont dit et déclaré à la dite assemblée, qu'ils ont receu une assignation de la part de monsieur Masseau, seigneur de cette baronnie, pardevant monsieur le lieutenant général de La Rochelle, pour sçavoir s'ils luy veullent contester les devoirs honorifiques qui luy sont deubs en cette qualité de

---

(1) Tachard d'Arbussy. Cette famille rétaise a produit plusieurs illustrations, et s'est divisée en deux branches. Avant la révolution, on remarquait, dans l'église des RR. PP. capucins de Saint-Martin, la magnifique pierre tombale en marbre noir de messire Hector Tachard d'Arbussy, écuyer, chevalier de Saint-Louis, etc.

seigneur et autres prérogatives. Les dits fabriqueurs, ouis les sieurs curé, sénéchal, procureur fiscal et généralement tous les habitans, ont dit et déclaré qu'ils reconnaissent pour seigneur de cette baronnie le dit sieur Masseau, et qu'en cette qualité il est juste qu'il jouisse de tous les honneurs, droits et prérogatives qui y sont deubs en la ditte qualité de seigneur dans leur église, tant pour ce qui regarde ses armes qu'il a fait mettre aux quatre pilliers dedans la dite église qu'autres droits, qu'ainsi les dits sieurs fabriqueurs luy pouvoient faire signifier la présente assemblée afin d'estre déchargé de toute assignation ; et a aussi le sieur curé protesté qu'il n'a jamais empesché, ny ne veut empescher que le dit sieur Masseau ne jouisse de tous les droits, qu'il ne reçoive le pain béni et autres droits et qu'il n'aye ses armes où bon luy semblera, ainsi qu'il le prétend, et que, si quelqu'un a dit ou fait signifier quelque chose à ce contraire, qu'il est prest d'en donner un désaveu. Arrêté le jour et an que dessus.

GAILLARD, *prestre curé de Saint-Martin*. PREVOST. François DANIEL. BARON. TACHARD. ROCHARD. PENEAU. SOURISSEAU. GRELLAUD. FIER-DES-BRAS. JAMON. HOUIN SAINT-LOUIS. P. DEVIE. DANIAU DES GROIS. ROCHARD. J. VINCENEUIL. Pierre GILBON. VINCENEUIL. BOURGROIS. J. THERON. E. BLAY. J. NOLLEAU. BONTEMPS. — (Archives Phelippot.)

Nᵒ 2

1716, 14 juin. — Assemblée des habitants de Saint-Martin qui nomment fabriqueurs de l'église de cette ville, le baron, le sénéchal, le procureur fiscal de cette baronnie :

Aujourd'hui, le 14ᵉ jour de juin, et suivant convocation, messire Jean Masseau, sieur de Beauséjour, seigneur de cette baronnie; messire Iréné-Joseph Prevost, sénéchal; maître Pierre Rochard, procureur fiscal de cette baronnie, sont nommés fabriqueurs en charges, et le sieur Thorry, notaire et procureur de la dite baronnie, procureur de la fabrique de cette église.

DE MANNEVILLETTE, *gouverneur de l'isle de Ré*. MASSEAU. PREVOST. ROCHARD. THORRY. P. GAILLARD, *curé*. — (Archives Phelippot.)

Nᵒ 3

1721, 18 février. — Acte de foi et hommage rendu par les habitants de l'île de Ré à Mᵉ Masseau, leur seigneur : ·

Pardevant les conseillers du roy, notaires gardes scel de La Rochelle soussignés, estant en la ville de Saint-Martin de l'île de Ré, ont comparrus en leurs personnes les sieurs Pierre Marsan, sindiq général de la baronnie de laditte islle de Ré ; Jean Audry, sindic particullier du bourg et paroisse de La Flotte, et Louis Papon, aussy sindiq particullier du bourg et paroisse de Sainte-Marie.

Lesquels nous ont dit et déclaré que, par l'examen qui a esté fait des titres et papiers conservant les droits, franchises, libertez et privillèges de la baronnie de laditte ille de Ré, ils ont trouvé entre autre une transaction passée entre très hault et puissant seigneur Louis de La Trimoulle, conte de Guynes et de Benon, vicomte de Thouars, seigneur de Marans et de laditte ille de Ré, et les habitans de laditte ille, le 22 juin 1544, et les lettres de confirmation et ratiffication faittes en concéquance par les subséquants seigneurs de laditte ille, notamant celle de Jean, sire de Beuil, chevallier de l'ordre du roy, grand eschansson de France, seigneur de laditte ille de Ré et autres lieux, le 23 décembre 1657 et 2 mars de l'année suivante 1658, par lesquelles les habitans de laditte baronnie de l'ille de Ré sont obligés de salluer lesdits seigneurs, ou députer de la part du corps des habitans de ladille ille pour les assurer de leurs respects, soumissions, obéssance, et de le suplier en mesme temps de maintenir et confirmer lesdils habitans dans leurs antiens privilléges, franchises et immunitez, qui sont de ne pas payer aucuns drois de ventes et honneurs des acquizition quy se font dans l'estendue de la baronnie de l'ille de Ré, ny aucun drois seigneuriau et féaudaux que dix sols par chacun quartier de terre et vigne, la somme de cent vingt cinq livres de rente annuelle et autres qui peuvent luy estre deus et accoutumez de payer à leur seigneur, lesquels tittres auroient donné occasion à une assemblée géneralle des habitans de ladille baronnie, tenue à la dilligence desdits sindiqs le 26 janvier dernier, par laquelle il paroist que ledit sieur Marsan, accompagné des sieurs Louis Allaire et François Bonnin, ses commissaires, se seront transportez par devers la perssonne de monsieur Jean Masseau, à présant seigneur de ladille baronnie de l'ille de Ré, pour luy représanter que lesdits habitans estoient sur le point de luy rendre leur foy et homage et respects, et luy auroient demandé, à cet efet, qu'il luy plust leur donner un temps qui luy fust le plus convenable, ce que ledit seigneur leur auroit refusé ; mesme despuis, s'estant encore transportez avecq la majeures partie des principaux habitans de ladille baronnie au dommicille dudit sieur Masseau, pour salluer et luy rendre leurs obéissances de tous les habitans, il auroit fait dire par ses dommestiques qu'il n'éloit pas au logis, quoy qu'ils seussent parfaittement qu'il y estoit ; c'est pour quoy lesdits habitans, pour se metre en règle et rendre ce qu'ils doivent à leur seigneur, ayant donné plain pouvoir audit sieur Masseau de se transporter en la ville de La Rochelle et faire venir en cette ville deux notaires royaux, pour, avecq eux et les lieutenant politiques et commissaires, se transporter de nouvaux par devers la perssonne dudit sieur Masseau, leur seigneur, aux fins de faire pour eux à cet esgard les démarches et soumitions nécessaire. Pour y parvenir, lesdits sieurs Marsan, Audry et Papon auroient requis le transport de nous, dits notaires, en cette ditte ville de Saint-Martin de Ré, pour estre présants aux soumitions de respects et obéissances qu'ils sont chargés de rendre à leur seigneur, faire les réquisition nécessaires et leur en donné acte, à l'effet de quoy lesdits sieurs Marsan, ensemble le sieur Nicollas Le Loup, son coeslu, assisté des sieurs Hector Tachard, colonel de la milice de cette ville de Saint-Martin, et Jean Aymon de La Couture, David Foucault et Jean Téron, habitans et bourgois de la ville de Saint-Martin, se sont transportez pardevers et au domicille dudit sieur Masseau, leur seigneur, en cette ville de Saint-Martin de Ré, rue Neufe, où estant en présance et compagnyez de nous, dits notaires, en parlant à la personne dudit sieur Masseau, dans une salle de sondit logis où tous lesdits habitans députez sont entrés, là, ledit sieur Marsan a dit à haulte voye audit sieur Masseau, leur seigneur, qu'ils avoient tous l'honneur de le saluer très humblemant en cette quallitté pour le général des habitans de ladille baronnie qui sont la ville de Saint-Martin, bourg de La Flotte, Sainte-Marie et La Couharde et leurs dépandances (1), et de l'assurer de leurs respect, soumitions et obissance avecq thémoignages de la joye qu'ont lesdits habitans d'estre ses vasseaux et tenantiers. En concéquance, ledit sieur Marsan et lesdits députés ont très humblemant suplié ledit sieur Masseau, leur seigneur, de confirmer les privilléges accordez auxdits habitans par les présédants

---

1) Le Bois et La Couarde étaient des annexes ou filles de la ville de Saint-Martin.

seigneurs de laditte baronnie, et pour luy donner plus d'éclersissemant desdits privillèges, tels qu'ils sont cy dessus déclarez, ledit Marsan, sindiq, luy a exibé sur table les tittres quy les justiffient, notamant la transaction et les confirmations cy dessus dattés, offrant de luy en donner telles communications qu'il sera nécessaire et qu'il désirera. Ces présantes ayant esté faitte par les habitans sus nommés, et encore en présances et assistez du sieur Raymont Barthélemy, commandant les millices dudit bourg de La Flotte, Jacques et Denis Goguet, Pierre Guynard, coeslu dudit sieur Audry, Charles, Raymond et Daniel Bouriau, Pierre Valleau, Laurant La Marque, François Coustant, Jasques Rifaud, Paul, George Mounier-Rochelaire, Jacques Duffeau, tous habitans dudit bourg de La Flotte, et pour le bourg de Sainte-Marie les sieurs Brisard, coeslu dudit sieur Papon, Antoine Chesneau, Charles Ballanger et Jean Audebert, et pour ledit de La Couharde les sieurs Louis Cercler des Humeaux, commandant, Jasques Blay, Pierre Ménagé et Pierre Brussic. Tous habitans cy dessus nommés ont signez sur la minute, à la réserue desdits Duffeau et Brussic qui ont déclaré ne sauoir siger.

A quoy ledit sieur Masseau, seigneur, a dit et fait réponse que les habitans de l'estandue de la baronnie ne doivent pas ignorer qu'il y a déjà plusieurs années qu'il en est seigneur, et que la négligence qu'ils ont eu à luy rendre et à ces prédesseurs à ce qu'ils luy doivent les rend indignes de la grâce qu'il luy demendent, son intention estant de se servir de tous ses drois, mesme de jouir de certains qu'il a négligé de percevoir ; qu'au surplus, il proteste contre tous ce qu'il put luy préjudicier par lesdittes actes, et a signé : Masseau.

Ledit sieur Masseau et lesdits habitans cy dessus nommés et députez persistent dans leurs soumissions de respects et réquisitions, et remontrent audit sieur Masseau, leurs seigneur, que, s'ylle ont esté jusque à présant à luy rendre leurs deuoirs, c'est qu'ils ont toujours attendu qu'il feust recogneu le seigneur en entier de laditte baronnie, n'en ayant pris posession que le 29 du mois d'aoust dernier, luy protestant que leur dessin a toujours esté de luy rendre tous leurs respects, soumissions et obissance qu'ils luy doivent, ainsi qu'ils ont fait aux seigneurs ses prédesseurs, quy n'ont point fait de difficulté de les recevoir grasieussement sans avoir esgard à la négligence qu'ils avoient eu à les leurs rendre ; en un mot, ils ne s'élogneront jamais du respect qu'ils doivent audit sieur Masseau, leur seigneur. Veu quoy, ils déclarent que le refeus qu'il fait de confirmer leurs dits priuillèges ne poura leur nuire ny leur préjudicier et que, en concéquance, ils demeurent quittes et déchargés de la confirmation audezu de laditte transaction, confirmation et ratiffication cy dessus expliqué, lesquelles aveq les tittres exibéz ils seront toujours prest de luy communiquer pour le convincre de la véritez de leurs privillèges, et comme ils sont tous raportez par les confirmations dudit seigneur de Beuil à eux accordez le 23 décembre 1657 et 2 mars de l'année suivante 1658, lesdits habitans ont prié ledit sieur Masseau, leur seigneur, de les prendre et recevoir, ce qu'il a fait, et n'ayant voulleu prandre la communication des tittres primordiaux, ledit sieur Marsan les a retirré pardeuers luy aveq les déclarations que lesdits habitans seront toujours prest de luy communiquer.

Ce fait, lesdits habitans députez ont sallués de nouveaux leurs seigneur et demandé son amitié, et se sont en suitte retirez ; dont et de tout ce que dessus ils ont requis acte à nous, dits notaires, que nous leurs avons octroyé pour leur valoir et servir ce qu'il apartiendra. Fait et clos le présant acte en la maison dudit sieur Masseau, seigneur, auquel en avons dellaissé coppie aveq ledit acte d'assemblée cy dessus datté les

18 feuverier 1721, sur les dix heures du matin. Signé sur la minute originalle restée à Jarosson : Marsan, Bonnin, Nicollas Le Loup, Perrier, notaire royal, et Jarosson, notaire royal.

Scellé le 8 avril 1721 avec un petit sceau. Sceau aux armes de France, l'écu surmonté de la couronne royale. Légende fruste. (Archives Phelippot.)

N° 4

1726. — Requête ou lettre d'observation du seigneur baron Masseau à son beau-frère Jean Penetreau, négociant à Saint-Martin de Ré :

Ce 4 décembre 1726.

Voilà donc, monsieur, ce grand ouvrage consommé, les desseins que vous avés formé depuis lontems sont excécutés sellon vos désirs. N'aviés vous point d'autres voyes pour y parvenir que celle d'une noire trahison que toutte une ville publie ; n'aviés pas quelque amy de confiance pour quy vous auriés peu me le faire aprendre autremant que par le publiq, quand même ce n'auroit esté que par la bouche de celluy qui vous a tant de fois porté la parolle de ma part et qui m'instruisoit de vos bonnes raisons en aparance, les quelles me paroissent à présant qu'un foible extérieur ? Je puis dire que, sy je n'avois pas des preuves aussy sensibles de son bon cœur et de sa bonne foy à notre réunion comme j'en ay, je pourois hardiment le taxer d'une perfidie sans example de m'avoir porté à me liverer aux coups d'un publiq qui, sans connoissance de cause (que ce que vous luy avés apris), juge et condamne tout ensemble l'inocent comme le coupable.

Les forces que vous avés à la main par mon absance vous donne grande cause dans le publiq ; mais Dieu qui connoist les cœurs me vangera de l'outrage cruel que vous me faitte. En déclarant la triste retraitte que mon malheureux sort avoit dérobbé à votre connoissance, quels estoient vos desseins pour abuzer de la confiance et de la bonne foy de celluy qui vous acompagné dans l'endroit où vous où vous m'avés veu, et que vous n'avé peu faire pendant ving quatre heures malgré tous les sermants que vous avés fait devant luy et monsieur Theron (1), votre arbitre.

N'estié vous pas contant de me voir captif (2) pandant que vous jouissé d'une entière liberté que vous donne une somme de cent sept mil livres, que je vous ay conté manuellement sans y comprandre de ce que j'ay obmis, de plus les effets que je vous avé enlevée de l'abbaye de Sainte-Marie de La Flotte à mon inçeu, vous ont produit, suivant votre propre aveu, près de 165,000 liures, ces deux sommes peüvent bien ensemble, aveq raison, vous donner occasion de vous rire de ma facilité et demon état présant.

Je scay que j'ay receu pour près de quatre cents vingt cinq mil livres d'effets de laditte abbaye ; mais vous sçavé mieux que personne que j'en ay fait le payemant du prix des deux beaux qui aveq les avances et les frais et l'argent que je vous ay conté monte à une somme de près de six cents mil livres ; et comme le publiq me condamne sans

---

(1) Messire Corentin Theron, prêtre de la congrégation de l'oratoire de La Rochelle, fondé de pouvoir.

(2) Au mois d'octobre 1721, M. Jean Pénétreau avait fait donner sommation en réglement de compte aux sieurs Jean et Nicolas Masseau, et au mois de décembre 1726, le seigneur de la baronnie de l'île de Ré était en prison. (Archives Phelippot.)

estre instruit de tout ce cy, je me trouve obligé pour mon honneur de luy faire sçavoir, afin que les honneste gens me rendent justice.

D'ailleurs, j'ay fait descharger à La Flotte quantitée de planches, fer, plomb, goedrons, mats, pièces de bois et autres effets, qui ce monte à des sommes considérable desquels vous en avés dispozé et receu tout au moin la majeure partie sans en payer seullement les frais que vous avé tiré sur moy, sans voulloir m'en donner le comte.

Je ne vous ay jamais demandé que comme je vous le demande encore, qu'un compte de l'employ que vous avé fait de ces sommes et des effets que l'abbaye a produit ainsy que de ceux que vous avé enlevé, afin de connoistre les profits ou les pertes, et si vous avés d'aussy fortes prétantions que ce que vous l'avés plubliée dans le monde, pourquoy me refusée-vous la légère sastisfaction de reconnaître la vérité ?

Quel est l'étranger dans le monde qui me refuzeroit (sans une injustice des plus criante) une demande aussy légitime qu'elle est équitable ? Dieu seul connoist mes véritables santimants sur cella, et j'espère qu'il me donnera assée de force pour soutenir les attaques d'un nombre d'ennemis que vous avé soulevée contre moy, et dont vous este à la teste. Il ne me reste donc plus que de triste jours à languir ; s'ils vous sont de quelques utilité pour estindre ce feu caché depuis lontems, je vous les offre et vous demande que les armes dont vous vous servirée pour l'exécution du descins que vous formerées, me soient connu, a finque j'aye le moment deme reconcilier aveq mon persécuteur, et je suis, monsieur, votre très humble serviteur.

MASSEAU.

Pièce originale grand in-folio scellée d'un magnifique sceau en cire noire, aux armes dn seigneur baron Masseau, déposée aux archives Phelippot.

Nº 5

1733, 18 octobre. — Brevet de lieutenant d'infanterie des milices garde-côtes pour Pierre Rabillé :

Nous, Jean Masseau, sieur de Beausséjour, seigneur de la baronnie de l'île de Ré, capitaine général garde-coste de ladite isle de Ré.

Estant nécessaire de pourvoire à la place de lieutenant d'infanterie des milices garde-costes de la paroisse du Bois et de La Couarde, et estant informé de la capacité, expérience, fidélité et affection au service du roy qui se trouvent en la personne du sieur Pierre Rabillé, nous l'avons nommé et commis pour remplir ladite place de lieutenant des milices garde-costes de la paroisse du Bois et de La Couarde, conformément à l'article 3º du titre 2 du règlement du 28 janvier 1716, et n'aura lieu la présente commission qu'après qu'elle aura esté visée de M..., gouverneur de cette province, ou de M..., qui y commande actuellement.

Fait à Saint-Martin (isle de Ré), le dix-huitième jour d'octobre mil sept trante trois.

MASSEAU.

Pièce originale, scellée d'un sceau en cire rouge, aux armes du baron Masseau. (Archives Phelippot.)

Nº 6

1734, 29 octobre. — Acte de décès de Jean Masseau, sieur de Beauséjour, seigneur baron de la baronnie de Saint-Martin de Ré :

« Le 29 octobre 1734 a été inhumé dans le cœur de cette église, le corps de M. Jean Masseau, seigneur de cette baronnie, décédé du jour précédent, âgé de 67 ans ou environ, après avoir reçu les sacrements de l'église. Ont assisté à ses funérailles : MM. le gouverneur, le lieutenant du roy, les officiers de la garnison et des milices de l'isle de Ré, etc. M. GAILLAND, *prêtre, curé de Saint-Martin.* »

Anciennes archives de la ville de Saint-Martin de Ré.

N° 7

1792, 25 juillet. — Sommation faite au greffier de la baronnie de Saint-Martin de Ré, le 25 juillet 1792 :

« L'an 1792 et le 25 de juillet, à la requête du sieur P.-P. Fournier, négociant, demeurant dans la ville de Saint-Martin de Ré, où il fait élection de domicile, je huissier soussigné, reçu et immatriculé au cy-devant présidial de la ville de La Rochelle, résidant en celle de Saint-Martin (isle de Ré), ai au sieur Jean-François Prévost, cy-devant greffier du siège de la cy-devant baronnie de Saint-Martin, demeurant en cette ditte ville de Saint-Martin, fait sommation d'incessamment et dans le jour pour tous délais, de remettre au requérant les clefs des parquet et prisons y jointes dépendant de la ditte cy-devant baronnie, que ledit sieur Prévost a reçu des administrateurs du directoir du district de La Rochelle, portée par leurs lettres du 22 juin dernier, et faute par ledit sieur Prévost de rendre et remettre lesdittes clefs au requérant, ce dernier lui déclare qu'il le rend garant et responsable de tous les événements et proteste de tous les dépens, dommages et intérêts, et de se pourvoir s'il est besoin par les voyes de droits. Fait et délaissé autant des présentes, en ville, au domicille dudit sieur Prévost, parlant à sa personne.

BRUN. »

Archives de M. Julien Moreau, greffier de la justice de paix de Saint-Martin de Ré.

9 782019 993009